MEHR WISSEN ÜBER SÄUGETIERE DER URZEIT

Von
Beverley Halstead

Bilder von
P. Barrett, G. Caselli, R. Orr

Deutsch von
Hans Joachim Conert

Die Erde – ein Geschichtsbuch

Man kann sich nur schwer vorstellen, daß es schon viele hundert Millionen Jahre lang Lebewesen auf der Erde gab, bevor der Mensch erschien. Die Pflanzen und Tiere, die wir heute um uns sehen, haben sich in unvorstellbar langen Zeiträumen aus inzwischen längst ausgestorbenen Lebensformen entwickelt.

Das »Buch«, in dem die Entwicklungsgeschichte des Lebens festgehalten ist, ist die Erde selbst. Tatsächlich lassen sich die verschiedenen Gesteinsschichten mit Buchseiten vergleichen und die *Fossilien*, die in den Schichten eingebettet sind, mit einzelnen Wörtern. Fossilien sind die Abdrücke, Knochen, Zähne oder Gehäuse von Lebewesen, die vor Millionen und Abermillionen Jahren gelebt haben. Oftmals sind sie unvollständig, und dann müssen Phantasie und eine genaue Kenntnis der Tier- und Pflanzenwelt dem Wissenschaftler helfen, aus diesen »Wörtern« und »Wortteilen« ganze »Sätze« zu bilden.

Indem man die verschieden alten Gesteinsschichten und ihre Fossilien untersucht, lassen sich die aufeinanderfolgenden Entwicklungsstufen des Lebens erkennen. Die ersten Wirbeltiere (kieferlose fischartige Tiere) gab es zum Beispiel schon vor etwa 500–450 Millionen Jahren. Sie waren ausnahmslos Meerestiere. Hundert Millionen Jahre später waren Wirbeltiere auch in die Flüsse und Seen eingewandert, und vor etwa 400 Millionen Jahren stiegen die Quastenflosser ans Land. Vor 350–270 Millionen Jahren entwickelten sich die Reptilien, die ihre Eier – im Gegensatz zu den Amphibien – am Lande ablegten. Die wirkliche Eroberung des Landes begann aber erst vor 270–225 Millionen Jahren, als sich mit den säugetierähnlichen Echsen die Vorläufer der Säugetiere über die Kontinente ausbreiteten. Über 150 Millionen Jahre bestimmten die Dinosaurier das Bild auf der Erde. Während dieser Zeit entwickelten sich die ersten Säugetiere. Als vor 70 Millionen Jahren die Dinosaurier plötzlich ausstarben, begann das Zeitalter der Säugetiere, das vor etwa 3 Millionen Jahren mit der Entwicklung von menschenähnlichen Wesen seinen Höhepunkt fand.

Das Alter der Erde
Das Alter unseres Planeten wird auf über 6 Milliarden Jahre geschätzt, und man nimmt an, daß die ersten Lebewesen vor etwa 2 Milliarden Jahren entstanden. Seit dieser Zeit hat sich das Leben immer weiter entwickelt und zu einer unübersehbaren Zahl von Formen geführt. Es gibt weit über 500 000 Pflanzenarten und mehr als 1 Million Tierarten. Alle diese Lebewesen würden heute nicht existieren, wenn ihre Vorfahren sich nicht den ständig wechselnden Lebensbedingungen auf der Erde angepaßt hätten. Eine Art, die sich nicht anpassen kann, stirbt unweigerlich aus.

Das erfolgreichste Lebewesen aller Zeiten ist der Mensch. Er hat sich innerhalb von 3 Millionen Jahren soweit entwickelt, daß er heute das Leben auf der Erde bestimmt.

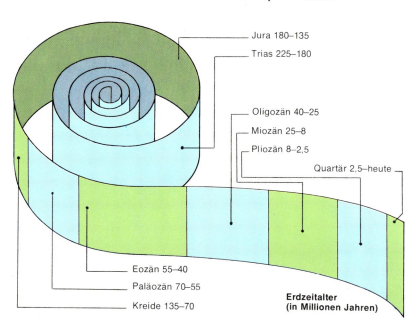

Jura 180–135
Trias 225–180
Oligozän 40–25
Miozän 25–8
Pliozän 8–2,5
Quartär 2,5–heute
Eozän 55–40
Paläozän 70–55
Kreide 135–70

Erdzeitalter (in Millionen Jahren)

Wie eine Versteinerung entsteht

Dieses *Arsinotherium* lebte und starb vor über 30 Millionen Jahren. Es sank auf den Grund eines Flusses, und langsam, aber unaufhaltsam wurde sein Skelett von Sand bedeckt. Im Laufe von Millionen von Jahren verhärtete dieser Sand zu Gestein und schloß die Knochen des Tieres fest ein. Zusammen mit anderen Resten, zum Beispiel den Gehäusen von Muscheln und Schnecken, wurden sie zu Fossilien. Schicht um Schicht lagerten sich immer mehr Sand und Schlamm übereinander. Wieder Millionen Jahre später wurden alle diese Schichten von emporquellenden flüssigen Teilen des Erdinneren emporgehoben. So kommt es, daß Sedimentschichten, die einstmals auf dem Grunde von Gewässern entstanden, heute auf Bergen zu finden sind.

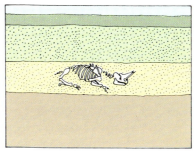 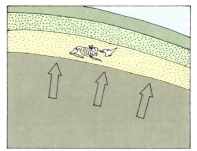

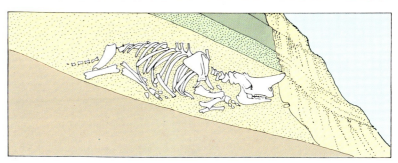

Sedimentgesteine sind meist verhältnismäßig weich. Wasser und Wind graben tiefe Schluchten und Klüfte hinein und durchschneiden dabei die einzelnen Schichten, die nun gut zu erkennen sind. Dabei kommen dann auch die Fossilien gelegentlich wieder zum Vorschein. Sie werden von den *Paläontologen* – so nennt man die Wissenschaftler, die Fossilien untersuchen – unter großer Mühe und mit aller Vorsicht ausgegraben und Stück für Stück zusammengesetzt.

Wie alt ist das Fossil?

Das Alter der Fossilien erkennt man an dem Alter des sie umgebenden Gesteins. Bei Ablagerungsgesteinen, um die es sich meist handelt, liegen die älteren Schichten unten, die jüngsten oben. Jede Schicht hat besondere Leitfossilien, das sind Überreste von Tieren, die gerade in dieser bestimmten Schicht häufig vorkommen. Durch die Schichten und ihre Leitfossilien läßt sich also bestimmen, wie alt ein Fossil im Verhältnis zu anderen Fossilien ist. Um jedoch sein *genaues* Alter festzustellen, untersucht man die radioaktiven Minerale, die in den Gesteinen vorkommen. Da man weiß, in welcher Zeit eine bestimmte Menge eines radioaktiven Stoffes zur Hälfte zerfällt, läßt sich das Alter einer Schicht – und damit des Fossils – durch das Verhältnis von zerfallenem zu nichtzerfallenem Stoff ziemlich genau berechnen.

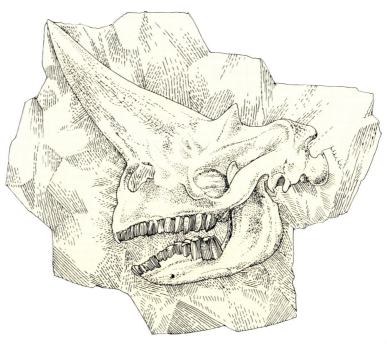

Was ist ein Säugetier?

Das wichtigste Merkmal der Säugetiere ist, daß sie ihre Jungen mit Milch ernähren. Die Jungen saugen die Milch aus den Zitzen der Muttertiere, und daher stammt auch der wissenschaftliche Name dieser Tiergruppe: *Mammalia* (*mamma* ist das lateinische Wort für Brust). Diese Art der Ernährung hat eine völlige Abhängigkeit der Jungen vom Muttertier zur Folge. Junge Säugetiere sind darum viel länger als alle anderen Tiere an ihre Eltern gebunden. Während dieser Zeit müssen sie lernen, mit den Gefahren, die ihr Leben bedrohen, fertig zu werden.

Weil die Jungen während des Saugens auch atmen müssen, ist der Mundraum der Säugetiere vom Nasenraum durch einen knöchernen Gaumen getrennt.

Säugetiere sind Warmblütler und haben eine gleichbleibende Körpertemperatur. Um diese Temperatur aufrechtzuerhalten, verbrennen sie in ihren Zellen Nahrungsstoffe zu Energie. Den dazu notwendigen Sauerstoff nehmen sie durch Lungen auf.

Durch ein dichtes Fell sind die Säugetiere vor größerem Wärmeverlust geschützt. Sie können ihren Körper bei zu großer Hitze auch abkühlen, das geschieht durch Schwitzen oder Hecheln.

Säugetiere haben Zähne. Zwar werden sie ohne Zähne geboren – einfach, weil sie sie zum Milchsaugen noch nicht brauchen –, aber bald entwickelt sich ein »Milchgebiß«. Diese Zähne fallen bei den heranwachsenen Tieren aus und werden durch das endgültige Gebiß ersetzt. Es besteht aus Schneidezähnen, Reißzähnen, Vorbacken- und Backenzähnen. Ein anderes wichtiges Merkmal der Säugetiere ist der Aufbau ihres Mittelohrs. Nur Säugetiere haben 3 Mittelohrknochen: Hammer, Amboß und Steigbügel, die die Schallwellen vom äußeren zum inneren Ohr leiten.

Das wichtigste Merkmal der Säugetiere ist aber ihre hohe Intelligenz. Ihre Fähigkeit, sich wechselnden Lebensbedingungen anzupassen, hat dazu geführt, daß sie die vorherrschenden Tiere auf der Erde geworden sind.

Die Wirbeltiere
Die Säugetiere gehören – zusammen mit Fischen, Vögeln und Reptilien – zu den Wirbeltieren. Während die Insekten und viele andere Gliederfüßer ein Außenskelett haben, haben die Wirbeltiere ein Innenskelett, das ihrem Körper Halt und Festigkeit gibt. Sie besitzen eine feste, mit wenigen Ausnahmen aus Knochen gebildete Wirbelsäule, die aus einzelnen, gegeneinander beweglichen Wirbeln zusammengesetzt und ein Wunderwerk an Festigkeit und Beweglichkeit ist.

Dieses Innenskelett hat wesentlich dazu beigetragen, daß die Wirbeltiere alle Lebensräume der Erde besiedeln konnten. Sie sind ebenso erfolgreich im Wasser (Fische) wie in der Luft (Vögel) wie auch auf dem Lande (Reptilien und Säugetiere).

Die Fische haben keine gleichbleibende Körpertemperatur, sie atmen durch Kiemen. Ihr stromlinienförmiger Körper ist meist mit Schuppen besetzt. Die Eier werden im Wasser abgelegt, eine Brutpflege gibt es meist nicht.

Amphibien (Lurche) sind Wechselwarmblütler. Die Jungtiere atmen durch Kiemen, die erwachsenen Tiere durch Lungen. Ihr Körper ist nicht mit Schuppen besetzt. Die Eier werden im Wasser abgelegt, und hier wachsen auch die Jungen heran.

Reptilien (Kriechtiere) sind Wechselwarmblütler und atmen durch Lungen. Ihr Körper ist mit Schuppen besetzt. Sie leben vorwiegend auf dem Land, wo auch ihre Eier abgelegt werden. Die Jungen müssen sich selbst versorgen.

Vögel sind Warmblütler und atmen durch Lungen. Ihr Körper ist mit Federn bedeckt. Mit wenigen Ausnahmen leben die Vögel auf dem Lande, wo auch ihre Eier abgelegt werden. Die meisten Vögel versorgen ihre Jungen längere Zeit.

Vermehrung
Bei den Säugetieren gibt es verschiedene Arten des Geborenwerdens. Die primitivste und seltenste Art ist die der Kloakentiere, die erfolgreichste die der Plazentatiere.

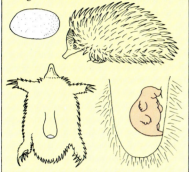

Kloakentiere
Das Weibchen des australischen Schnabeligels legt ein Ei, das sich in einer Tasche auf der Bauchseite entwickelt. In der Tasche sind auch die Milchdrüsen für das Junge.

Beuteltiere
Die Weibchen der Beuteltiere haben ebenfalls einen Beutel auf der Bauchseite. Aber sie legen keine Eier, sondern gebären winzig kleine Junge, die sich im Beutel fertig entwickeln.

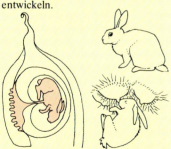

Plazentatiere
Bei diesen Tieren macht der Embryo (das noch nicht geborene Junge) seine Entwicklung im Körper des Muttertieres durch, und erst das fertig ausgebildete Tier wird geboren.

Ein typisches Säugetier
Die Maus zum Beispiel hat alle Merkmale, die ein Säugetier von anderen Tieren unterscheidet. Sie hat ein gut entwickeltes Gehirn und sehr empfindliche Sinnesorgane. Das Mittelohr besteht aus Hammer, Amboß und Steigbügel. Eine Gaumenplatte trennt Mundraum und Nasenhöhle. Ein dichtes Fell schützt den Körper vor Wärmeverlust. Die Jungen werden fertig entwickelt geboren und ernähren sich, indem sie aus den Zitzen des Weibchens Milch saugen.

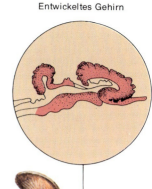

Entwickeltes Gehirn

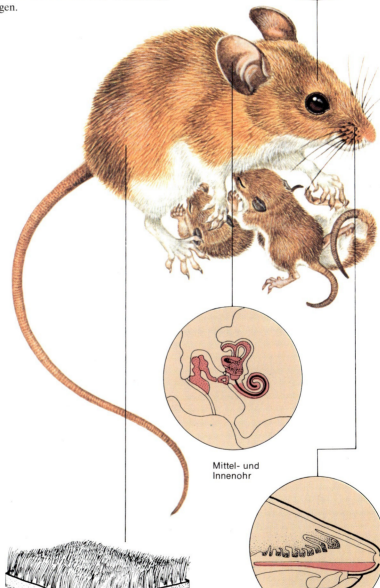

Mittel- und Innenohr

Fell

Knöcherne Gaumenplatte

Die frühen Vorfahren der Säugetiere

Die ersten Reptilien lebten vor etwa 350 Millionen Jahren in den Sümpfen und Wäldern der Steinkohlenzeit. Aus ihnen entwickelten sich etwa 100 Millionen Jahre später Arten, die man als Vorläufer der Säugetiere ansehen kann. Im Verlaufe der Permzeit (vor 270–225 Millionen Jahren) konnten sich diese säugetierähnlichen Echsen über die Erde ausbreiten. Sie lebten wohl zuerst von Fischen; das kann man wegen der Form ihrer Zähne vermuten. Aber allmählich wurden ihre Kiefer stärker, sie wurden von kräftigen Kaumuskeln bewegt, und die Zähne unterschieden sich in Schneide-, Reiß- und Backenzähne. Die Tiere spezialisierten sich auf bestimmte Nahrung und waren entweder Fleisch- oder Pflanzenfresser. Arme und Beine streckten sich und hoben den Körper weiter vom Erdboden ab. Die Tiere konnten dadurch schneller laufen und auch weiter sehen. Die Körperschuppen wurden durch Haare ersetzt, das Herz hatte vier voneinander getrennte Kammern, und die Tiere wurden zu Warmblütlern, die vielleicht auch schon ihre Jungen mit Milch ernährten. Während der Trias (vor 225–180 Millionen Jahren) entwickelten sich die säugetierähnlichen Echsen weiter. Aber in der Jurazeit (vor 180–135 Millionen Jahren) traten sie gegenüber den Reptilien zurück: nicht die Säugetiere, sondern die Dinosaurier übernahmen zunächst die führende Rolle auf der Erde.

Kiefer und Zähne

Der Unterkiefer der Reptilien besteht aus mehreren hintereinanderliegenden Knochen und hat nur eine Art von Zähnen. Während der Entwicklung von den Reptilien zu den Ursäugetieren bildeten sich diese Knochen um. Bei den heute lebenden Säugetieren besteht der gesamte Unterkiefer nur aus einem einzigen Teil und hat Schneide-, Reiß- und Backenzähne.

Fortbewegung

Bei den Reptilien stehen die Oberarme und Oberschenkel rechtwinklig vom Körper ab. Sie werden in den Gelenken von Ellenbogen und Knie bewegt. Der Körper wird dicht über dem Boden gehalten. Bei den Säugetieren sind die Arme und Beine gestreckt und stehen direkt unter dem Körper. Sie werden an den Gelenken des Schultergürtels und des Beckens bewegt.

Unterkiefer eines Reptils

Unterkiefer eines Säugetieres

Haltung eines Reptils

Haltung eines Säugetieres

Säugetierähnliche Echsen

In der Trias wurde die Erde von säugetierähnlichen Echsen bewohnt. *Cynognathus* (1) und *Thrimaxodon* (2) waren fleischfressende Tiere, *Kannemeyeria* (3) war ein Pflanzenfresser. *Euparkeria* (4) kann man als einen Vorläufer der Dinosaurier ansehen.

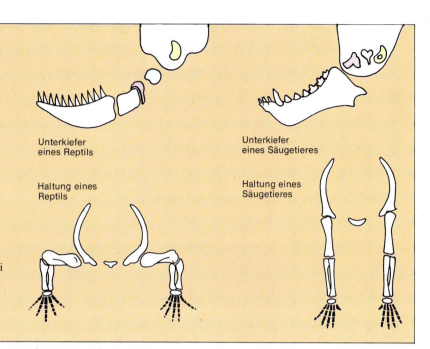

Im Schutz der Nacht

Die Vorläufer der Dinosaurier waren kleine, insektenfressende Reptilien, die anfangs eher einer Eidechse ähnlich sahen. Aus ihnen entwickelten sich Tiere, die sehr schnell auf zwei Beinen laufen konnten, wobei sie ihren Schwanz als Steuerruder und Stütze verwendeten. Gerade zu der Zeit, als sich die säugetierähnlichen Echsen zu Säugetieren entwickelten, übernahmen die Dinosaurier für 150 Millionen Jahre die führende Rolle auf der Erde. In dieser Zeit eroberten sie alle Lebensräume: das Wasser, die Erde und die Luft. Aber in einem waren sie den Säugetieren doch unterlegen! Da ihre Körpertemperatur von der Umgebung abhing, ließ ihre Aktivität nach Sonnenuntergang weitgehend nach. Dann begann die Zeit der Säugetiere, deren Körpertemperatur stets gleich blieb, die durch ein Fell vor Kälte geschützt waren und die sich geschickt unter der Erde, aber auch auf Bäumen bewegen konnten. So entwickelten sich die Säugetiere auch im Zeitalter der Dinosaurier weiter, und sie waren gut gerüstet, die führende Rolle zu übernehmen, als die Dinosaurier ausstarben. Am Ende waren es die vielen kleinen Säugetiere, die die riesigen, aber an Zahl geringen Dinosaurier überlebten.

Das Zeitalter der Dinosaurier
Auch im Zeitalter der Dinosaurier, das 150 Millionen Jahre andauerte, entwickelten sich die Ursäugetiere weiter. Die gewaltigen Saurier waren als Wechselwarmblütler nur am Tage, in der warmen Sonne aktiv, während sie nach Sonnenuntergang träge wurden. Dann begann die Zeit der warmblütigen Säugetiere. Zu ihnen gehörten etwa rattengroße Insektenfresser, aber auch fleischfressende Tiere.

Die schnelle Entwicklung der Säugetiere

Das Ende der Dinosaurierzeit vor etwa 70 Millionen Jahren kam ganz plötzlich. Niemand kann bisher sagen, warum diese Tiere in so kurzer Zeit verschwanden. Sowohl die riesigen pflanzenfressenden Landtiere als auch die meist kleineren Fleischfresser, die Flugsaurier und die Meeressaurier waren davon betroffen. Nicht ein einziger Dinosaurier überlebte diese Zeit. Nun war der Moment gekommen, daß sich die urtümlichen Säugetiere schnell und ohne Konkurrenten entwickeln konnten. Sie nahmen sehr bald alle Lebensräume ein, die von den Dinosauriern aufgegeben worden waren. Zwar gab es nach wie vor Eidechsen, Krokodile, Schlangen, Schildkröten, Vögel und Fische, aber sie traten bald hinter den Säugetieren zurück. – Die Säugetiere dieser Zeit waren vorwiegend kleine Bodenbewohner. Viele sind nur durch ihre Zähne und Kiefer bekannt, die man gefunden hat. Aus diesen Resten kann man schließen, daß es spitzmausähnliche Tiere gewesen sein müssen, die sich von Insekten und Wirbellosen ernährten. – Bereits am Ende der Jurazeit waren Tiere aufgetreten, die *Pantotherien*, die man als Vorfahren der heutigen Beuteltiere und Plazentatiere ansehen kann. Die ersten Pflanzenfresser hatten bereits Schneidezähne und breite Backenzähne. Sie waren höchstens so groß wie ein Hase. Erst später erreichten Tiere wie *Taeniolabis* und *Ctenacodon* die Größe eines Schweines.

Die Eroberung neuer Lebensräume
Nach dem Aussterben der Dinosaurier begann der Aufstieg der Säugetiere: *Taeniolabus* (1), *Protictis* (2), *Pantotherium* (3) und *Plesiadapis* (4) waren solche urtümlichen Säuger

Die Vorherrschaft der Säugetiere beginnt

Smilodectes
Dieses Tier gehörte zur Ordnung der Primaten und ist ein Vorläufer der heute lebenden Affen, Menschenaffen und Menschen. Es war ein Baumbewohner.

In der Alt-Tertiärzeit wurde die Vorherrschaft der Säugetiere endgültig gefestigt. Besonders das tropisch warme Klima der Eozänzeit, die 16 Millionen Jahre lang dauerte und ein Teilabschnitt der Alt-Tertiärzeit war, bot ideale Voraussetzungen für die Weiterentwicklung der Säugetiere. Zu Beginn dieser Zeit hatten sie zwar noch viele, ebenfalls hochentwickelte Konkurrenten – zum Beispiel waren schon alle modernen Gruppen der Vögel vorhanden –, aber die Vögel kamen auf Grund ihres anderen Lebensraumes und ihrer völlig unterschiedlichen Lebensweise den Säugetieren kaum in die Quere. Zu den riesigen fleischfressenden Vögeln, die vielleicht eine Ausnahme machten, gehörte *Diatryma,* ein über 2 m hoher Laufvogel, dessen Kopf weit größer war, als der eines heute lebenden Pferdes. Im Alt-Tertiär gab es bereits Urpferde, die aber sehr viel kleiner waren als unsere heutigen Pferde und knapp die Größe eines Fuchses erreichten. Junge Urpferde können durchaus zu den Beutetieren von *Diatryma* gezählt haben. Das größte Säugetier der Alt-Tertiärzeit war *Uintatherium,* ein Huftier, das die Größe eines Nashorns erreichte. Das Tier war ein Pflanzenfresser und hatte 6 Knochenauswüchse auf dem Vorderschädel sowie lange Eckzähne. *Coryphodon* war ebenfalls ein urtümliches Huftier und erreichte die Größe eines Flußpferdes. Auch *Hyracotherium* (= *Eohippus*), das Urpferd, war ein pflanzenfressendes Huftier. Die auffallendste Entwicklung zeigten die fleischfressenden Tiere, die *Creodonten*. Sie sind die Vorläufer unserer Raubtiere. Unter ihnen gab es Arten, die einem Wolf ähnelten. Andere waren katzenähnlich und hatten kurze, aber kräftige Kiefer und Krallen. Auch Aasfresser gab es bereits, die die Lebensweise der heutigen Hyänen hatten. Unter den Säugetieren jener Zeit entwickelten sich auch die baumbewohnenden Pflanzen- und Fleischfresser weiter. Obwohl sie nicht gerade die häufigsten Tiere waren, übertrafen sie die anderen Gruppen jedoch in einem entscheidenden Punkt: sie hatten ein höher entwickeltes Gehirn.

Eine Landschaft des Eozän
In diesem Abschnitt der Alt-Tertiärzeit gab es Säugetiere, die die Größe eines Nashorns oder Flußpferdes erreichten. Zu ihnen gehört *Uintatherium* (**1**) und *Coryphodon* (**2**). Junge Urpferde (*Hyracotherium*) waren Beutetiere von *Oxyaena* (**3**) und dem riesigen Laufvogel *Diatryma* (**4**).

Die Vorherrschaft der Säugetiere

Im Oligozän, das ebenfalls zum Alt-Tertiär zählt und 12 Millionen Jahre lang dauerte, wandelten sich die Säugetiere allmählich zu den heute lebenden Formen um. Viele Arten, die sich den wechselnden Lebensbedingungen nicht so gut anpassen konnten, starben aus und machten »modernen« Formen Platz.

Die dichten Wälder, die noch während des ganzen Eozäns die Erde bedeckt hatten, wurden in dem trockeneren und kühleren Klima aufgelockert. Riesige Grasländer entstanden, wie sie heute noch vorhanden sind. In diesen Grasländern entwickelten sich langbeinige Pflanzenfresser, zum Beispiel urtümliche Pferde, Esel, Kamele, Antilopen, die sich vor ihren Feinden durch schnelle Flucht retten konnten. Die großen Pflanzenfresser – wie das auffallend gehörnte Riesennashorn *Titanatherium* und das ungehörnte *Paraceratherium* – waren für diesen Lebensraum zu groß und starben aus, denn die Nahrungsmengen, die sie verbrauchten, waren in den zeitweise vertrockneten Grasländern nicht mehr vorhanden. Aber auch die bisher lebenden Fleischfresser hatten in den Grasländern keine Überlebenschance. Die »modernen« Pflanzenfresser liefen ihnen einfach davon. Nur die Aasfresser überlebten. Die ersten echten Großkatzen und Hunde, die sich jetzt entwickelten, waren ihren Vorgängern nicht nur durch kräftigere Beine, ein besseres Gebiß und schärfere Krallen überlegen, sondern vor allem durch wesentlich feinere Sinnesorgane und ein weit höher entwickeltes Gehirn. In Ägypten trat zu dieser Zeit ein Vertreter der Herrentiere (Primaten) auf: *Aegyptopithecus,* der die Entwicklung zu den Menschenaffen und dem Menschen einleitete.

Aegyptopithecus
Dieses Tier lebte vor 35 Millionen Jahren im heutigen Ägypten und weist bereits Ähnlichkeiten mit den Menschenaffen auf.

Fleischfresser
Als die urtümlichen Fleischfresser ausstarben, konnten nur die aasfressenden *Hyaenodonten* überleben. Die Lücken nahmen die »modernen« Fleischfresser ein. Hochspezialisierte Tiere, wie die Säbelzahnkatzen, waren weit verbreitet.

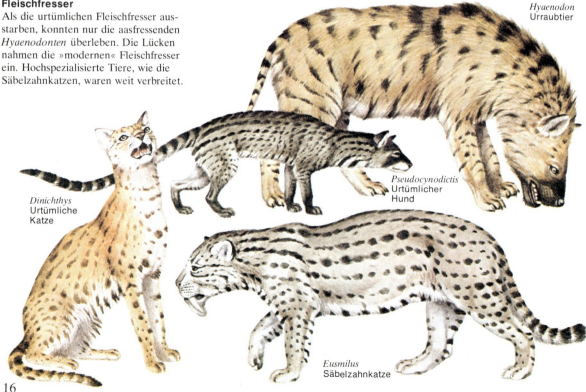

Hyaenodon
Urraubtier

Pseudocynodictis
Urtümlicher Hund

Dinichthys
Urtümliche Katze

Eusmilus
Säbelzahnkatze

Die Entwicklung des Pferdes

Die Entwicklung der Pferde begann gleichzeitig mit der Entstehung der großen Grasländer. Lange Beine machten es den Pferden möglich, vor ihren Verfolgern davonzurennen. Die Urpferde hatten am Vorderfuß 4, am Hinterfuß 3 Zehen. Allmählich wurde die Zahl der Zehen immer kleiner, und heute lebende Pferde laufen nur noch auf einem Zeh, der zu einem Huf umgebildet ist.

Die Ur-Huftiere waren nicht größer als ein Kaninchen. Sie hatten eine kurze Schnauze und kurze Zähne mit einfacher Krone. Bei ihnen waren noch alle 5 Zehen ausgebildet.

Mesohippus, ein Urpferd aus dem Oligozän (vor 40 Millionen Jahren), hatte 3 Zehen. Die Zähne waren zu Mahlzähnen umgebildet, hatten aber eine einfache Krone. Die Tiere waren Laubfresser.

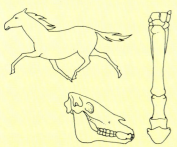

Equus, das heute lebende Pferd, hat nur 1 Zehe. Die Zähne sind lang und haben eine hohe, gefaltete Krone, mit denen die Tiere auch trockenes Gras zermahlen können. Pferde können bekanntlich sehr schnell laufen.

Paraceratherium
Dieses hornlose Riesennashorn war in Zentralasien verbreitet. Es hatte eine Schulterhöhe von 6 m und war das größte Landsäugetier, das es jemals auf der Erde gab.

Die Grasländer

Die zunehmende Ausbreitung der Grasländer und der Rückgang der Wälder hatten einen bedeutenden Einfluß auf die Entwicklung der Säugetiere im Miozän (Jung-Tertiärzeit). Beim Aufenthalt in den offenen Grasländern waren die Pflanzenfresser vor ihren Verfolgern ungenügend geschützt, denn sie hatten nur wenige Verteidigungsmöglichkeiten: entweder wurden sie besonders groß, oder sie entwickelten Geweihe oder Gehörne, um sich ihrer Angreifer zu erwehren. Ein Raubtier von der Größe eines Hundes wagt sich kaum an einen Pflanzenfresser von der Größe eines Büffels oder Elefanten heran. Eine andere Möglichkeit, sich zu schützen, war die Vereinigung mit anderen Tieren zu einer großen Herde. Hier wurden meist nur die schwächeren Tiere von den Raubtieren erlegt.

Als die wirkungsvollste Verteidigung in den Steppen und Savannen erwies sich aber die Flucht. Dazu waren lange Beine erforderlich, aber auch besonders gute Sinnesorgane, um einen Angreifer möglichst früh zu bemerken.

An diese für die Pflanzenfresser günstigen Bedingungen mußten sich auch die Fleischfresser anpassen, um überleben zu können. Die Urtümlichen Raubtiere, die *Creodonten* des Alt-Tertiärs, starben am Ende dieser Periode aus und machten im Oligozän den modernen

Tiere der Savannen
Viele Tiere, die im Miozän in den Savannen lebten, sind heutigen Tieren ähnlich. Die Gazellen (**1**) hatten bereits eine Lebensweise, wie wir sie von den heute lebenden Arten kennen. *Trilophodon* (**2**) war ein kurzrüsseliger Elefant mit 4 Stoßzähnen. *Dinotherium* (**3**), ebenfalls ein Elefant, hatte 2 Stoßzähne im Unterkiefer. *Dryopithecus* (**4**) lebte in Familienverbänden in der Savanne. *Moropus* (**5**) war wohl der merkwürdigste Unpaarhufer, er sah einem Pferd ähnlich, hatte aber große Krallen an den Zehen.

Raubtieren Platz, die wiederum im Miozän bereits den heute lebenden Formen ähnlich waren. Walrosse und Seehunde bevölkerten das Wasser; Wiesel, Bären, Katzen und Hunde lebten auf dem Land. Die Wölfe bildeten ihre typische Jagdweise aus. Ganze Rudel jagten ein Beutetier so lange, bis es geschwächt war und umstellt werden konnte. Nach vielen Angriffen brach es unter der großen Zahl seiner Feinde schließlich zusammen. Die Katzen gingen dagegen einzeln auf Jagd. Ein Angriff mußte genügen, die Beute mit den Krallen niederzureißen und mit einem Biß zu töten.

Unter den Herrentieren entwickelten sich die Nachfolger von *Aegyptopithecus* weiter. *Proconsul* war ein Affe, der zu dieser Verwandtschaft gehörte. Er war weit über Afrika, Asien und Europa verbreitet, und es gab sowohl schlanke und feingegliederte Tiere als auch kräftige und plumpe. Da sie ebenfalls im offenen Gelände lebten, mußten auch sie sich vor den Raubtieren schützen. Sie hatten keinerlei natürliche Waffen, waren ihren Verfolgern aber durch ein stärker entwickeltes Gehirn überlegen. Sie lebten in Rudeln zusammen, in denen ein Tier das andere bewachte und mitversorgte. Dieses ausgeprägte Familienleben gab einen erhöhten Schutz.

Die Vormenschen

In den letzten 3 Millionen Jahren der Erdgeschichte entwickelte sich ein Zweig der Herrentiere zu menschenähnlichen Wesen, die wissenschaftlich Australopithecinen genannt werden. Diese Vormenschen unterschieden sich bereits deutlich von den Menschenaffen durch ein anderes Gebiß. Allerdings hatten sie noch ein schnauzenförmig vorgezogenes Gesicht. Der hauptsächliche Unterschied zu den Menschenaffen lag jedoch in der Verhaltensweise. Schon zu Beginn des Pliozäns hatte die Entwicklung einerseits zu den friedlichen, pflanzenfressenden Menschenaffen geführt und andererseits zu den aggressiven, fleisch- und pflanzenfressenden Australopithecinen, die im Laufe der Zeit einfache Werkzeuge und Waffen aus Stein und Holz »erfanden« und gebrauchten. Später verwendeten sie auch Geräte aus Knochen, Zähnen und Horn.

Die Vormenschen lebten bereits in Höhlen. Sie verjagten andere Tiere und nahmen deren Wohnplätze für sich ein; sie schlugen angreifenden Tieren und wohl auch Lebewesen ihrer eigenen Art mit Keulen den Schädel ein. (Auch darin, daß sie Kriege gegen ihresgleichen führten, unterschieden sich die Vormenschen – und unterscheidet sich der Mensch überhaupt – von den Tieren!)

Werkzeuge
Skelettreste und Werkzeuge von Australopithecinen wurden in der Olduwai-Schlucht in Ostafrika gefunden. Sie bestanden aus scharfkantig zugeschlagenen Steinen.

Die Australopithecinen lebten vor 1,7 bis 3 Millionen Jahren, zu Beginn des Pleistozäns. Reste ihrer Skelette und ihrer Geräte wurden in Südafrika (in Transvaal) und in Ostafrika (in der Serengeti-Steppe) gefunden.

Es gab zwei Gruppen unter den Vormenschen: Die eine war kleinwüchsig und hatte ein geringes Körpergewicht, sie bewohnte offene Landschaften. Die andere Gruppe bestand aus größeren, schwereren Wesen, die in waldreichen Gebieten lebten. Diese Vormenschen gab es etwa 1 Million Jahre lang auf der Erde; sie starben vor 750 000 Jahren aus.

Die Tiere, die gleichzeitig mit den Vormenschen lebten, unterscheiden sich nicht von denen, die heute die Savannen Afrikas bewohnen. Es waren unter anderem Antilopen, Pferde, Kamele, Nashörner, Flußpferde, Elefanten, Wildschweine, Paviane und zahlreiche Arten der Großkatzen und Hundeartigen. Nicht selten mußten sich die Vormenschen gegen diese Raubtiere verteidigen, und oft genug werden sie die Unterlegenen gewesen sein.

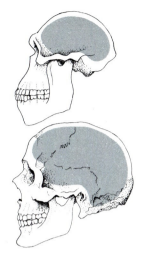

Schädel
Die Vormenschen hatten ein Gehirnvolumen von etwa 600 Kubikzentimetern. Das Gehirn des »modernen« Menschen ist mehr als doppelt so groß.

Kampf mit Raubtieren
Nicht selten wurden die Vormenschen von Raubtieren überfallen, und trotz ihrer Waffen waren sie oft die Verlierer. Man hat den Schädel eines jungen Vormenschen gefunden, der Bißspuren aufweist, die von einem Leoparden stammen.

Die Trennung der Kontinente

Zu Beginn des Säugetierzeitalters wanderten einige urtümliche Tiergruppen über die Landverbindung von Norden her nach Südamerika ein. Als diese Landbrücke später zerfiel, waren die südlichen Tiergruppen von den nördlichen getrennt und entwickelten sich unabhängig weiter. In Südamerika gab es nur wenige Raubtiere, zum Beispiel *Borhyaena,* ein Beuteltier, das einem Puma ähnelte, und *Thylacosmilus,* der einem Säbelzahntiger glich, aber ebenfalls ein Beuteltier war. Deshalb konnten sich hier ziemlich ungestört große, träge Tiere entwickeln wie Gürteltiere und Faultiere.

Besonders interessant und überraschend ist aber, daß in Südamerika Formen entstanden, die denen in Nordamerika, Afrika und Asien ähnlich waren, ohne jedoch mit ihnen verwandt zu sein. Am auffälligsten ist die Ähnlichkeit zwischen den Pferden und den südamerikanischen Huftieren, den *Liptoternen. Thoatherium* war so groß wie ein Schäferhund und sah einem Pony ähnlich. *Macrauchenia* glich einem Kamel, hatte aber einen kurzen Rüssel. Die *Tipotheren* sahen einem Hasen ähnlich, und die *Pyrotheren* waren eine Parallelentwicklung der Elefanten. Die *Toxodonten* sahen wie ungeheure Nashörner aus. – Diese isolierte Entwicklung kam zu einem plötzlichen Ende, als Nord- und Südamerika erneut über die Landbrücke von Panama in Verbindung kamen. Moderne Säugetiere, unter ihnen viele Raubtiere, wanderten nach Südamerika ein und vernichteten die zahlreichen Beuteltiere und urtümlichen Huftiere.

Theosodon
Kamelähnliches Huftier

Macrauchenia
Kamelähnliches Huftier

Daedicurus
Riesengürteltier

Glyptodon
Urgürteltier

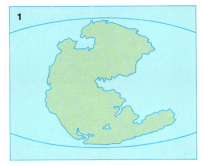
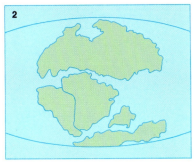
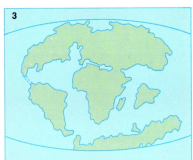
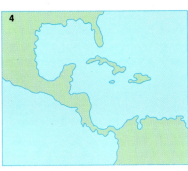

Die Säugetierwelt Südamerikas

Die Gestalt der Kontinente war nicht immer so, wie sie heute ist. Vor etwa 200 Millionen Jahren bestand die Erde wahrscheinlich nur aus einem einzigen Kontinent (**1**), aber vor etwa 135 Millionen Jahren trennten sich die Kontinentalschollen (**2**). Eine Zeitlang waren Afrika und Südamerika verbunden, während Nordamerika und Europa eine Einheit bildeten. Später brach Südamerika von Afrika ab und wanderte westwärts. Zur gleichen Zeit trennten sich Nordamerika und Europa (**3**). Süd- und Nordamerika traten in Verbindung, aber diese Brücke wurde im Alt-Tertiär (Paläozän) wieder unterbrochen. Nach einer erneuten Vereinigung kann es noch einmal eine Trennung gegeben haben, bis die Landbrücke von Panama die Gestalt erhielt, die wir heute kennen (**4**).

Megatherium Riesenfaultier

Thoatherium Ponyartiges Huftier

Borhyaena Pumaähnliches Beuteltier

Thylacosmilus Säbelzahntigerartiges Beuteltier

Riesen und Zwerge

In den letzten 2 Millionen Jahren der Erdgeschichte, im Pleistozän, erreichte das Zeitalter der Säugetiere seinen Höhepunkt. Auf den ersten Blick erscheinen die Säugetiere des älteren Pleistozäns den heute lebenden Formen weitgehend ähnlich, aber bei genauerem Hinsehen fällt ihre übersteigerte Größe auf. Überall auf der Erde gab es Riesenformen, in Amerika zum Beispiel Biber so groß wie Bären; in den Steppengebieten Asiens erreichte das Nashorn *Elasmotherium* die Größe eines Elefanten. Riesen gab es auch unter den Warzenschweinen in Afrika. – Aber wir kennen aus dieser Zeit nicht nur Riesenformen. Vielmehr wissen wir auch, daß gleichzeitig in vielen Gebieten der Erde ausgesprochene Zwerge lebten. Sie waren vorwiegend auf kleineren Inseln zu finden, und ihre geringe Größe war vielleicht eine Anpassung an das kärgliche Nahrungsangebot.

In der jüngsten Periode der Erdgeschichte, in der der Mensch seine überragende Stellung erreichte, verschwanden die meisten dieser Riesen- und Zwergsäugetiere. In Afrika, Asien und Europa lebte jetzt eine frühe menschliche Stufe, der *Homo erectus*. Er ernährte sich von Früchten und Wurzeln, hauptsächlich aber von Tieren, die er jagte. Durch die Verwendung von Feuer, das er bereits selbst entfachen und erhalten konnte, trieb er Herden von Tieren zusammen oder jagte sie über Klippen in die Tiefe, wo sie zerschmettert liegenblieben.

Zwerge
Auf der Mittelmeerinsel Malta gab es Elefanten, deren Schulterhöhe kaum 1 m betrug, und Flußpferde, die nicht größer wurden als ein Jungtier der heute lebenden Art.

Riesen

Während des Pleistozäns entwickelten sich auf vielen Kontinenten Riesenformen der heute lebenden Säugetiere. Hier einige Vergleiche solcher Riesen mit ihren heutigen Verwandten.

Riesen-Biber: 2,75 m lang
Heutiger Biber: 1 m lang

Riesen-Warzenschwein: 3 m lang
Heutiges Warzenschwein: 1,5 m lang

Riesen-Hyäne: 2,5 m lang
Heutige Hyäne: 1,5 m lang

Riesen-Nashorn: 6,5 m lang
(das Horn maß 2 m)
Heutiges Nashorn: 3,5 m lang

Der Gebrauch des Feuers

Durch die Entwicklung von Werkzeugen und Waffen konnte der Mensch Tiere jagen und töten, die viel größer waren als er selbst. Aber erst die Entdeckung des Feuers gab ihm die vollständige Macht über alle Lebewesen. Jetzt jagten Gruppen von Menschen ganze Tierherden, indem sie die Tiere durch Feuer zusammentrieben oder über steile Klippen hetzten.

Das Eiszeitalter

Während der letzten Millionen Jahre ist der nördliche Teil der Erdkugel mehrere Male nacheinander von einer Eiskappe bedeckt gewesen. Die Säugetiere, die an ein kaltes Klima angepaßt waren, zum Beispiel das Mammut und das Wollnashorn, folgten dem Eis nach Norden, wenn es abschmolz, und wanderten nach Süden, wenn es sich in einer neuen Eiszeit ausdehnte. Die Menschen, die auf diese Tiere Jagd machten, wanderten hinter ihnen her. Sie lebten unter Felsabhängen und Höhlen, wo sie Schutz vor der Kälte und den Raubtieren fanden. An die Wände dieser Höhlen malten sie in der letzten Eiszeit Bilder jener Tiere, die sie erlegten. Einige dieser Höhlenbilder sind bis auf den heutigen Tag erhalten geblieben und zeigen Rinder und Pferde, Wollnashorn und Mammut sowie viele andere Tiere. Obwohl die Behausungen der Menschen Raubtiere und Aasfresser anzogen, waren die Jäger durch den Gebrauch des Feuers und ihrer Waffen jedem Tier überlegen. Selbst die Wölfe gewöhnten sich an die menschlichen Siedlungen. Sie hielten sich in der Nähe der Höhlen auf, um die Überreste der erbeuteten Tiere zu verzehren. So werden auch eines Tages junge Wölfe von Menschen aufgezogen worden sein. Ihre Nachkommenschaft folgte ihrem Instinkt und suchte sich bald nach der Geburt einen Führer, der Macht über die ganze Gemeinschaft hatte. Das war jetzt nicht mehr der Leitwolf, sondern ein Mensch.

Das Mammut
Während der letzten Eiszeit machten die Bewohner der großen Steppengebiete in Rußland Jagd auf das Mammut. Diese riesigen, elefantenähnlichen Tiere versorgten die Menschen nicht nur mit Fleisch, sondern auch mit Baumaterial. Aus den Knochen und der Haut errichteten sie ihre Behausungen. An einer gut erhaltenen Fundstelle hat man 385 Mammutknochen gefunden, die von 95 Einzeltieren stammten.

Vom Jagdtier zum Haustier

Jahrtausendelang waren die Menschen ausschließlich Jäger und Pflanzensammler. Während dieser Zeit hatte sich ihnen nur ein Tier angeschlossen, der Wolf. Vor etwa 11 000 Jahren begannen die Menschen dann auch andere Tiere zu zähmen. Im Norden des Iran waren es zuerst die Schafe, denen bald auch Schweine und Rinder folgten. Anstatt diese Tiere zu verfolgen und zu töten, zogen die Menschen Jungtiere auf und hielten sie in Herden. Sie schützten diese Herden vor Raubtieren und versorgten sie mit Futter und Wasser. Natürlich wurden auch diese Tiere eines Tages getötet und verspeist, aber sie waren für die Menschen eine Art Vorratslager. Um Fleisch zu bekommen, mußte man nun nicht erst auf die Jagd gehen, sondern man wählte ein Tier aus der Herde und schlachtete es. Außerdem gaben die Muttertiere noch Milch, die von wildlebenden Tieren nicht zu bekommen war.

Noch heute gibt es Menschen, die sich auf die gleiche Weise ernähren und in derselben Art leben wie unsere Vorfahren. Man nennt sie Nomaden. Sie folgen ihren Herden und legen auf der Suche nach guten Weideplätzen große Entfernungen zurück. Das klassische Beispiel für solche Nomaden sind die Lappen, die im hohen Norden Europas dem

Die Hirten
Im Gegensatz zu den Jägern, die ihre Beutetiere verfolgen müssen, leben die Hirten mit ihren Tieren, die ihnen Milch, Fleisch und Kleidung geben, ständig zusammen. Noch heute gibt es in Nordeuropa Menschen, die ein nomadisches Hirtenleben führen: die Lappen.

Rentier folgen. Die Rentiere ziehen Schlitten, versorgen die Lappen mit Milch und Fleisch, mit Häuten zur Bekleidung und mit Knochen zur Herstellung von Waffen und Geräten. Die ersten menschlichen Siedlungen wurden an Flüssen angelegt und von Fischern bewohnt. Diese neue Seßhaftigkeit, der Anbau von Nutzpflanzen und die Zähmung wilder Tiere zu Haustieren sind die Zeichen beginnender Zivilisation und Kultur.

Es gibt nur sehr wenige fleischfressende Tiere, die sich dem Menschen angeschlossen haben und heute zu den Haustieren zählen. Zu ihnen gehören vor allem die Hunde und Katzen. Die meisten Haustiere sind ausschließlich Pflanzenfresser. Sie sind mittlerweile fast völlig auf den Menschen angewiesen. Nur wenige von ihnen könnten in die freie Wildbahn zurückkehren und dort weiter leben.

Es gibt noch eine andere Gruppe von Tieren, die sich den Menschen angeschlossen hat und trotz ständiger Verfolgung nicht von ihm läßt. Zu ihnen gehören Ratten und Mäuse. Sie finden in den Siedlungen des Menschen einen reich gedeckten Tisch und werden ihn wohl ebenfalls so lange begleiten, wie er auf der Erde lebt.

Die Bauern
Der Anbau von Nutzpflanzen machte die Menschen seßhaft. Zwar hielten sie nach wie vor Tierherden, aber diese wurden in der näheren Umgebung der Dörfer gehalten. Zum Schutz der Herden wurden die einheimischen Wildtiere vertrieben.

Die Zukunft der Säugetiere

Die Zukunft der Säugetiere hängt ganz und gar von einem Lebewesen ab: vom Menschen. Zwar haben viele Menschen den Wunsch, die Pflanzen und Tiere, die mit ihnen zusammen diesen Planeten bewohnen, zu erhalten, aber das gewaltige Wachstum der Weltbevölkerung engt den Lebensraum aller anderen Lebewesen immer mehr ein. Wenn sich die Frage ergibt, ob eine Veränderung der Landschaft den Menschen nützen soll oder den Pflanzen und Tieren, wird immer der Nutzen des Menschen im Vordergrund stehen, denn der Mensch allein trifft alle Entscheidungen. Haustiere, wie Schafe und Ziegen, Rinder, Pferde und Schweine, haben eine sichere Zukunft. Sie werden vom Menschen gebraucht und deshalb von ihm erhalten und geschützt. Ganz anders ist das bei den großen Wildtieren. Ihr Lebensraum wird immer kleiner. Auch wenn sie noch kürzere oder längere Zeit in Zoos und Wildreservaten überleben, werden sie doch eines Tages aussterben.

Man kann mit einiger Berechtigung sagen, daß das Zeitalter der Säugetiere endete, als das Zeitalter des Menschen begann. Nur *die* Säugetiere werden überleben, die sich dem Menschen anpassen können. Das kann auf verschiedene Art und Weise geschehen: Hunde und Katzen haben sich dem Menschen vor Jahrtausenden angeschlossen und werden von ihm als Freunde und Partner angesehen. Ratten und Mäuse sind seit ewiger Zeit Mitbewohner menschlicher Ansiedlungen und haben sich trotz aller Verfolgung bis auf den heutigen Tag erhalten. Es gibt aber noch einen anderen Weg, den die Säugetiere schon zu Beginn ihrer Entwicklung – im Zeitalter der Dinosaurier – eingeschlagen haben: den übermächtigen Feinden aus dem Wege zu gehen, sich zu verstecken und nicht aufzufallen. Gelänge es den Säugetieren so, die Herrschaft des Menschen zu überleben, könnte es durchaus zu einer neuen Blütezeit dieser, dem Menschen an Intelligenz und Körperbau ähnlichsten Tiere kommen.

Hunde und Katzen
Diese beiden Tierarten sind in ihrer Existenz nicht bedroht. Sie leben seit Jahrtausenden mit dem Menschen zusammen und genießen seinen Schutz.